Quand il part du jour au lendemain

Harmonie J.

Introduction :

Tu ne comprends pas.
Tu croyais que tout allait bien.
Il disait "je t'aime", encore hier...
Et pourtant, il est parti.

Ce livre est pour toi,
qui regardes un vide
que tu n'as pas vu
arriver.
Ce livre est un refuge,
une main tendue.
Un espace où tu peux
cesser de te blâmer,
et commencer à guérir.

<u>1. La rupture "pilule rouge"</u>

Un départ brutal, mais prémédité.
Il avait déjà prévu de partir,
mais continuait à faire semblant.

Un déclic (une dispute, un souvenir, un message...)
et il a activé son plan d'évasion.

Tu n'as rien vu venir.
Parce qu'il ne voulait pas que tu voies.

Il a continué à dire "je t'aime",
à faire l'amour, à te faire rire,
alors qu'il regardait déjà la sortie.

Ce genre de rupture, c'est une gifle.
Pas seulement parce qu'il part.
Mais parce qu'il part en sachant   depuis

longtemps   qu'il
partirait,
tout en te laissant
croire à l'histoire.

Il ne voulait pas
d'affrontement.
Il voulait juste
disparaître
proprement.
Et toi, tu es restée avec
toutes les questions.
Sans réponse.

Sans respect.
Sans fin digne.

2. Le "breadcrumbing"

Il t'a donné des miettes d'amour.

Juste assez pour que tu y crois encore.

Pour que tu t'accroches.

Il te disait que tu étais belle.
Il t'écrivait parfois un message doux.
Il t'enlaçait dans la nuit.
Mais il n'était plus là.

Le "breadcrumbing", c'est ça :
donner de quoi faire espérer,

mais jamais assez pour construire.
Te maintenir à flot,
sans te laisser avancer.

C'est cruel, mais souvent inconscient.
Il ne voulait pas te perdre,
pas tout de suite.
Mais il ne voulait plus t'aimer pleinement, non plus.

Alors il a choisi les miettes.

Pas par amour, mais par facilité.

Et toi, tu as pris ces miettes pour des preuves.

Tu as espéré qu'il revienne, qu'il redevienne l'homme du début.

Mais cet homme-là
était déjà parti.
Depuis longtemps.

3. La dissonance cognitive

Il t'aimait… mais il partait.
Il t'embrassait… mais il s'éloignait.

C'est là que ton esprit s'est déchiré.

Tu as vu des signes d'amour.
Tu as senti des gestes tendres.
Et pourtant, il a disparu.

Comment est-ce possible ?
Parce que son cerveau jonglait entre deux réalités.
Aimer et fuir.

S'impliquer et reculer.
Il ne voulait pas voir la
contradiction.
Mais toi, tu l'as vécue
de plein fouet.

La dissonance
cognitive, c'est cet
écart douloureux entre
ce qu'on vit et ce qu'on
ressent.
Il était avec toi, mais il
pensait déjà à après.

Il t'embrassait, mais il
se disait que ce serait
la dernière fois.
Il te promettait l'avenir,
mais ne faisait plus de
projets.

Et toi, tu cherchais une
logique.
Tu voulais comprendre.
Mais il n'y avait rien à
comprendre.

Juste à admettre : il était déjà ailleurs.

4. Trouver la paix

Il est parti. Mais toi, tu peux rester.
Rester debout.
Rester vivante.
Rester entière.

Tu n'as pas à comprendre.

Tu n'as pas à excuser.

Tu n'as pas à tout analyser.

Tu dois juste guérir.

Il est parti. Pas parce que tu n'étais pas assez.
Mais parce qu'il n'était pas prêt à rester.

Ce n'est pas ta faute.
Ce n'est pas ton poids.

Tu mérites un amour
qui reste.

Un amour stable.
Un amour vrai.
Un amour qui parle,
même quand c'est dur.
Un amour qui ne
claque pas la porte, un
matin,

en laissant ton cœur en
lambeaux.

Et tant que cet amour
n'est pas là,
que ce soit toi qui
restes.
Toi qui te choisis.
Toi qui apprends à
t'aimer, même sans
réponses.
Même avec les ruines.

Tu vaux mieux qu'un
abandon !

Tu mérites un amour
qui reste !

● **Partie 1 – La rupture "pilule rouge"**

Ce chapitre explore la brutalité d'un départ soudain, mais préparé dans l'ombre. Comment peut-on dire « je t'aime » un jour et disparaître le lendemain ? Analyse du déclic, du moment où l'illusion se brise.

● Partie 2 – Le "breadcrumbing"

Des miettes d'amour pour maintenir l'illusion. Ce chapitre dévoile les stratégies inconscientes ou volontaires de celui qui reste sans aimer vraiment, mais ne part pas tout de suite.

- **Partie 3 – La dissonance cognitive**

Comment peut-on aimer et préparer une fuite ? Un regard sur les contradictions internes, les signaux flous, et le rôle du cerveau dans ce double jeu. Toi, tu croyais à l'amour. Lui, il préparait l'après.

● Partie 4 – Trouver la paix

Ce chapitre t'aide à redonner du sens à ce que tu as vécu. Il ne s'agit pas de chercher la logique, mais la guérison. Tu n'es pas responsable de son départ. Tu mérites un amour présent, sincère et stable.

Partie 1 – La rupture "pilule rouge"

Tu ne comprends pas. Tu croyais que tout allait bien. Il te disait « je t'aime » encore hier. Vous aviez des projets, des routines, parfois même des rituels de tendresse qui te semblaient inébranlables. Et puis un jour, sans prévenir, il est parti. Ton monde s'est figé. Ton cœur s'est suspendu dans un vide glacial que tu n'avais jamais connu.

Ce genre de rupture n'est pas un simple abandon spontané,

mais une véritable opération silencieuse. On l'appelle la rupture "pilule rouge" – en référence à ce moment décisif où, dans sa tête, il choisit de quitter l'histoire, sans te le dire. Ce n'est pas une explosion, c'est une fuite planifiée. Une stratégie froide, menée en coulisses.

Il savait depuis un moment. Il avait accumulé les doutes. Il avait observé chaque moment où il ne vibrait plus. Il avait mentalement fermé des portes. Mais au lieu d'affronter, de parler, de co-construire ou même de dire la vérité, il a préféré maintenir les apparences. Il continuait à dire "je t'aime", à t'embrasser, à faire comme si. Tu n'étais plus une compagne, tu étais un décor, une habitude, un confort temporaire.

Et puis un détail. Un mot de trop. Une

conversation trop franche. Un silence trop long. Et tout bascule. Il enclenche ce que j'appelle le "plan d'évasion émotionnelle". Ce plan, il l'avait dans la tête depuis un moment. Il ne t'a pas quittée ce jour-là :

il l'avait déjà fait en pensée. Il n'attendait que le moment où son courage égalerait sa décision intérieure.

Toi, tu n'as rien vu venir. Parce que tu regardais avec les yeux de l'amour. Parce que tu faisais confiance. Parce que tu croyais que ce que vous viviez était encore vrai pour deux. Tu n'as pas vu que ses gestes étaient mécaniques. Tu n'as pas senti que ses regards étaient absents. Parce que tu voulais y croire. Et c'est normal.

Alors quand il part, tu tombes. Tu cherches. Tu fouilles dans ta mémoire. Tu rembobines chaque moment. Tu t'interroges : "Qu'est-ce que j'ai raté ?", "Pourquoi il n'a rien dit ?", "Pourquoi il ne m'a pas laissé une chance ?" Mais en vérité, il ne cherchait pas une solution. Il cherchait une sortie.

Ce type de rupture laisse des cicatrices profondes. Elle touche à l'estime de soi, à la confiance, à la sécurité affective. Mais elle ne parle pas de ta valeur. Elle parle de son incapacité à affronter, à dialoguer, à aimer de façon mature.

Ce n'est pas toi qui étais insuffisante. C'est lui qui a fui.

Et ce chapitre est là pour te dire : ce que tu ressens est légitime. Tu n'es pas folle. Tu n'es pas naïve. Tu as aimé, sincèrement. Et tu as été trahie par une illusion entretenue.

Ce n'était pas une rupture imprévue. C'était une sortie cachée. Une pilule rouge qu'il avait avalée bien avant toi.

Partie 2 – Le "breadcrumbing"

Tu ne l'as pas senti partir tout de suite. Parce qu'il restait. Il envoyait encore des messages. Il posait sa main sur la tienne. Il disait : « Je suis juste fatigué. »

Et toi, tu t'es accrochée à ces miettes. Ces petites attentions éparses. Ces gestes en demi-teinte. Tu t'es dit : « Il m'aime encore. C'est une mauvaise passe. » Tu as voulu y croire, parce qu'il laissait des traces, juste assez pour maintenir l'espoir.

Le breadcrumbing, littéralement, c'est le fait de semer des miettes. Juste ce qu'il faut pour que tu continues à suivre le chemin. Ce n'est pas un amour entier. Ce n'est pas un engagement sincère. C'est une présence dosée, parcimonieuse, contrôlée. Une stratégie parfois inconsciente, mais terriblement douloureuse pour celle qui la subit.

Il répond, mais sans profondeur. Il revient, mais ne reste pas. Il promet, mais ne tient rien. Tu vis dans l'attente. Tu lis entre les lignes. Tu interprètes des silences comme des signes d'amour. Tu crois que l'espoir est là, alors que ce ne sont que des échos vides.

Pourquoi fait-il cela ? Parce qu'il ne sait pas lâcher. Parce qu'il veut garder une porte ouverte. Parce qu'il aime ton affection, mais pas ce que l'amour exige. Parce qu'il a peur de la solitude, mais ne veut pas de l'engagement. Ou simplement, parce qu'il ne sait pas aimer autrement qu'en demi-mesure.

Mais toi, tu t'épuises. Tu es affamée d'un amour vrai, et tu ne reçois que des miettes. Tu te demandes ce qui cloche chez toi. Tu deviens hypervigilante. Tu acceptes de moins en moins, en espérant de plus en plus.

Le breadcrumbing te fait douter de toi. Il brouille ta boussole intérieure. Il te met en position d'attente, d'espoir, de manque. C'est une forme de dépendance émotionnelle nourrie par un déséquilibre profond.

Alors non, ce n'est pas de l'amour. C'est une manipulation douce. Un lien flou. Une stratégie de contrôle, parfois involontaire, mais toujours toxique.

Et tu mérites mieux qu'un amour au compte-gouttes. Tu mérites un amour entier. Pas des miettes jetées au gré de son humeur.

Partie 3 – La dissonance cognitive

L'illusion de l'amour, quand tout se fissure en silence.

Tu l'as vu, tu l'as ressenti. Il avait l'air de t'aimer. Il disait les mots qu'on veut entendre. Ses gestes, parfois tendres, souvent confus, te laissaient croire que tout allait bien. Mais derrière cette façade, quelque chose de plus sombre se tramait. La dissonance cognitive, c'est quand deux réalités opposées cohabitent dans l'esprit d'une personne. Il t'aimait et, en même temps, il te laissait partir, mais il n'a jamais pu concilier ces deux vérités.

Il t'aimait, vraiment, tu le croyais. Mais son comportement, sa distance, ses absences... Tout cela n'avait-il pas d'importance ? Il t'aimait, et pourtant il te préparait à cette rupture. Ton cœur criait à l'injustice, mais son esprit était en guerre, tiraillé entre des pensées qui se heurtaient. Aimer, mais partir. Partir, mais aimer.

Tu ne comprenais pas comment cela pouvait être possible. Comment un être humain pouvait-il se tenir à la fois dans l'intimité de tes bras et, dans un autre recoin de son esprit, bâtir la sortie. C'est là que réside la dissonance cognitive : l'incohérence entre les actions et les sentiments. Il avait des raisons, non expliquées, des justifications qui ne faisaient sens qu'à lui. Mais à force de jongler avec ses propres contradictions, il a laissé la porte ouverte à la fuite.

Et toi, dans tout ça ? Tu as essayé de

comprendre. Tu as cherché des indices, des signes. Tu t'es accrochée à ses "je t'aime", à ses moments de tendresse, pensant que cela suffirait à réparer ce qui semblait se briser sous tes yeux. Mais il y avait des fissures invisibles. La vérité est que tu ne pouvais pas voir venir ce départ, car il n'avait pas fait le choix de te le montrer. La dissonance cognitive l'a empêché de te l'avouer, et toi, tu étais pris dans le piège de son double jeu.

La réalité, c'est que tu n'as rien vu venir.

Il n'y avait pas de signes évidents. Pas de "je ne t'aime plus" clairs et nets. Juste des petites doses d'amour, comme des miettes, qui ont nourri ton espoir sans jamais te donner la force de tout comprendre. Tu étais dans une réalité que ton esprit refusait d'accepter. Lui, lui aussi vivait dans cette dualité, pris entre des sentiments contradictoires. Mais à un moment donné, il a fait le choix. Il a sauté sans que tu ne puisses rien faire.

Partie 4 - Trouver la paix

Il est parti. Mais toi, tu peux rester. Rester debout, rester entière.

Tu pourrais passer des semaines à te repasser le film, à chercher pourquoi. Tu pourrais tenter de deviner ce qui s'est joué dans sa tête, ce que tu aurais pu faire autrement. Mais la vérité, c'est que ce n'est pas là que tu trouveras la paix.

Tu n'es pas responsable de son départ.
Tu n'es pas la cause de son absence.
Tu n'es pas une erreur.

Il est parti. Pas parce que tu n'étais pas aimable, mais parce qu'il n'était pas capable.

Pas parce que tu étais trop, mais parce qu'il n'en avait plus la force, ou plus l'envie.

Et parfois, les gens partent sans logique. Ils fuient leur propre inconfort, leurs contradictions, leurs non-dits. Ce n'est pas une condamnation de ta valeur.

La paix commence là : Quand tu décides de ne plus chercher à comprendre ce qui ne t'a pas été dit.

Quand tu choisis de fermer la porte à ce besoin de justification. Quand tu t'accordes enfin le droit de ne pas porter sa décision comme un fardeau.

Ce que tu peux faire, en revanche :

Revenir à toi. À ton souffle, à ton corps, à ton cœur.

T'entourer de douceur, de lumière, de présence sincère.

Te rappeler que tu as survécu. Et que tu es encore là.

Ne pas minimiser ta peine, mais ne pas la laisser te définir.

Créer, écrire, bouger, pleurer, rire, t'effondrer parfois... mais te relever toujours.

Ce n'est pas un oubli, ce n'est pas une victoire de l'autre.

C'est une promesse que tu te fais : ne plus t'abandonner pour que quelqu'un reste.

Tu mérites un amour qui reste.
Un amour qui parle quand ça ne va pas.
Un amour qui ne fuit pas sous prétexte de fatigue ou de confusion.

Un amour stable, sincère, et surtout… présent.

Et tant que cet amour ne se présente pas, que ce soit toi qui te donnes cette présence.

Tu es ton point d'ancrage.

Tu es ta paix.

À toi qui as lu ces pages avec
le cœur ouvert,
merci.

Merci d'avoir accueilli cette
douleur, cette vérité,
et peut-être... un peu de paix.

Ce livre est né de toutes les
blessures silencieuses,
de ces départs qu'on ne
comprend pas,
de ces silences qui laissent des
traces.

Mais il est surtout né d'un
espoir :

celui que tu retrouves en toi
l'envie d'y croire à nouveau.
L'envie de t'aimer, de te choisir,
de reconstruire.

À celles et ceux qui ont connu
l'abandon,
la confusion, la dissonance,
que ce livre vous rappelle :
vous n'êtes pas seules.
Vous méritez un amour qui
reste.

Avec toute ma tendresse,